DU

Nouveau Ministère,

Par M. Chauvin,

AVOCAT A LA COUR ROYALE DE PARIS.

A PARIS,

A LA LIBRAIRIE ECCLÉSIASTIQUE DE RUSAND,
rue du Pot-de-Fer Saint-Sulpice, n. 8;

ET CHEZ DELAFOREST, LIBRAIRE,
rue des Filles-Saint-Thomas, place de la Bourse.

1829.

DU
NOUVEAU MINISTÈRE.

Les insultes prodiguées depuis quelques jours à la majesté royale, ont dû remplir d'indignation et de dégoût tous les esprits élevés, tous les cœurs monarchiques. Une telle situation engage peu à discuter froidement; elle rend difficile, peut-être dangereux, un libre et rigoureux examen du cabinet qui vient d'être formé. Mais le pire des maux pour les royalistes, serait d'ignorer les difficultés qu'ils ont à vaincre, comme de méconnaître les dangers qu'il leur faut conjurer. Mon intention d'ailleurs n'est pas de suivre des journaux furibonds, dans leurs plaintes contre l'origine du nouveau ministère. La formation d'un ministère quelconque est irresponsable, hors de toute atteinte constitutionnelle. Qui répondrait en effet? qui pourrait être atteint? Les nouveaux ministres? Ils n'existaient pas quand ils ont été formés? Les anciens? Ce serait une ironie cruelle; assurément les morts n'appellent pas leurs héritiers.

Les nouveaux ministres sont connus. M. le prince de Polignac a lutté en face de l'échafaud pour les Bourbons exilés; il a toujours été fidèle à ses engage-

mens, il n'a jamais déserté le drapeau de l'infortune
et de l'honneur. M. le comte de la Bourdonnaye s'est
dès long-temps illustré par une haute et vigoureuse
politique, par une raison forte et puissante, telles
qu'elles conviennent à nos temps de faiblesse et d'in-
décision. Voilà, pour ne citer que deux noms, le
cœur et la tête du ministère. Que de tels organes excitent la fureur des révolutionnaires, il n'y a pas de
quoi surprendre ; que ces ministres trouvent chez les
royalistes une adhésion pleine et entière, c'est chose
bien naturelle et bien légitime. Commençons donc
par bénir l'autorité du roi ; nous sommes délivrés de
cette administration sans conscience et sans principes,
appuyée dix-huit mois sur des parleurs et des intrigans.
Un ministère franchement et purement monarchique
est appelé par le roi ; c'est un bonheur, c'est un devoir
de l'appuyer de toutes ses forces, de toutes ses facultés.

Maintenant j'aborde avec franchise la matière
qui va se discuter par toute la France, dans les salons comme dans les journaux, partout où deux
hommes se rencontrent et se prennent la main ;
j'aborde, dis-je, la vie politique du nouveau ministère. Deux mots déjà ont été prononcés : *Plus de
concessions, point de réaction.* Qu'est-ce à dire ? Si des
concessions funestes ont été arrachées à l'autorité
royale, celles-là subsisteront-elles ? suffit-il de n'en
plus faire d'autres ? Des choses importantes ont été
déplacées, on a poursuivi des hommes dévoués à la
monarchie ; faut-il ne point remettre chaque bonne
chose en sa place, ni rappeler de vrais serviteurs du
Roi ? A part même ce qui a été fait depuis dix-huit

mois, l'expérience n'a-t-elle rien appris? N'y a-t-il nulle part rien de mauvais, rien à corriger? Les expressions générales sont presque toujours fausses ; la politique surtout ne veut pas de métaphores. Nos lois électorales appellent-elles une réforme? La législation de la presse aura-t-elle à subir des changemens? Pour plus de précision encore, les ministres songent-ils ou doivent-ils songer à opérer cette réforme ou ces changemens? Ceci une fois reconnu, les ministres voudront-ils, pourront-ils l'accomplir? S'ils le veulent et le peuvent, quand le voudront-ils? comment le pourront-ils?

Avant tout, il est un mot vague, irritant, qu'il faut expliquer; ce mot a été souvent répété depuis quinze jours, et au sujet d'une *Lettre au Roi;* il s'agit de *coup d'état.* Toute mesure contraire aux règles gouvernementales d'un pays, est justement flétrie de ce nom odieux. Bonaparte faisait des coups d'état quand il mitraillait les Parisiens au 13 vendémiaire, quand il poussait au 18 fructidor, quand il exécutait le 18 brumaire. Il n'est pas un seul royaliste qui demande ou désire rien de semblable; la *Lettre au Roi* ne mentionnait même rien qui eût rapport à de telles violences. Mais les lois d'un pays sont-elles toutes du même ordre, de la même application? Si en France l'harmonie des pouvoirs était détruite, le Roi ne pourrait-il la rétablir? Si une usurpation s'était consommée de la part d'un de ces pouvoirs, le Roi ne pourrait-il reprendre ce qui lui aurait été enlevé, sans le concours du pouvoir usurpateur? En d'autres termes, la France périrait-elle parce qu'une faction retranchée dans une autorité usurpée, comme

dans une citadelle imprenable, refuserait de concou-
rir à ce qui serait nécessaire pour l'ordre général et
le bonheur de tous? Outre la solution du bon sens,
la charte elle-même, notre règle gouvernementale,
est à cet égard tout à fait péremptoire. C'est le Roi
qui a fait la charte, qui en a défini les pouvoirs ; mais
le *Roi* n'a été ni fait, ni défini par personne. Après
la constitution du 4 juin 1814, le *Roi* n'a pas cessé
d'être pouvoir constituant ; il avait seulement modifié
l'exercice de son autorité, sans en déplacer le prin-
cipe. Je n'invoque pas l'article 14 de cette constitution, qui suppose clairement une vérité si nécessaire.
Je cite le préambule de la charte, où se trouve établie
la distinction fondamentale entre le pouvoir inhé-
rent à la personne du Roi et l'exercice de ce pouvoir, sous le nom de *forme du gouvernement du Roi.*
« ...Nous avons considéré que, bien que *l'autorité tout*
« *entière* résidât en France dans la personne du Roi,
« nos prédécesseurs n'avaient point hésité à en mo-
« difier *l'exercice* suivant la différence des temps ; que
« c'est ainsi que les communes ont dû leur affranchis-
« sement à Louis-le-Gros, la confirmation et l'exten-
« sion de leurs droits à S. Louis et à Philippe-le-Bel.... ;
« que Louis XIV a réglé presque toutes les parties de
« l'administration publique par différentes ordonnan-
« ces, dont rien encore n'avait surpassé la sagesse.
« Nous avons dû, à l'exemple des rois nos prédéces-
« seurs, apprécier les progrès toujours croissans des
« lumières... En même temps que nous reconnaissions
« qu'une constitution libre et monarchique devait
« remplir l'attente de l'Europe éclairée, nous avons

« dû nous souvenir aussi que notre premier devoir
« envers nos peuples, était de conserver pour leur
« propre intérêt les droits et les prérogatives de
« notre couronne. Nous avons espéré qu'instruits par
« l'expérience, ils seraient convaincus que *l'autorité*
« *suprême* peut seule donner aux *institutions* qu'elle
« établit, la force, la permanence, et la majesté dont
« elle est elle-même revêtue.... »

Que l'on ne me fasse pas dire plus que je ne dis,
plus que ne permet la charte. Il n'est nullement question de *bon plaisir*, d'*arbitraire*, de *gouvernement par
ordonnances*. Je laisse les Don Quichotte du libéralisme s'escrimer contre ces redoutables adversaires.
Il s'agit uniquement de savoir si la royauté en France
est strictement limitée, matériellement circonscrite
comme une chambre, comme un tribunal, comme
un corps administratif quelconque. Je demande si ce
génie de la royauté, qui est venu apporter à un peuple
ses institutions, ne continue pas de planer sur la société ainsi organisée, pour la sauver toujours ou du
malheur des temps ou des passions des hommes. Y
a-t-il eu dans le monde un seul gouvernement qui
ait traversé les siècles, labourant le même sillon,
entravé dans la même ornière? On voit partout un
pouvoir au-dessus des pouvoirs, ou, pour me servir
du langage de la charte, une autorité suprême au-
dessus des autorités constituées en exercice. Là où le
peuple a fait son gouvernement, le peuple a gardé
cette autorité suprême; là où le Roi a donné des institutions, le Roi a dû la retenir. De même que dans les
républiques on en appelle au peuple, dans les mo-

narchies on en appelle au roi. Nier au sein des nations un pouvoir constituant, un pouvoir d'améliorations et de développemens, c'est retrancher les plus nobles attributs de l'humanité ; c'est nier la perfectibilité, la liberté de l'homme ; c'est nier Dieu lui-même et faire une société de cadavres.

Sans doute le gouvernement établi doit s'exercer sur tous les points où il y a du bien à faire, du mal à réparer ; il renferme des moyens de remettre le calme où il y aurait effervescence, l'ordre où il y aurait confusion. Si la chambre des députés est hostile, on la peut dissoudre ; si la pensée monarchique s'affaiblit parmi les pairs, on la ravive par une promotion nouvelle ; si l'administration est mauvaise, le Roi la remplace. Mais quand toutes les formes du gouvernement ont été épuisées, quand tous les moyens se trouvent impuissans, encore une fois l'autorité suprême est là qui peut intervenir. Cette intervention n'a rien de contraire aux règles gouvernementales d'un pays, elle en assure au contraire la paisible et légitime application ; cette intervention donc ne peut sous aucun rapport être qualifiée *coup d'état*.

Je reviens désormais à la vie politique du ministère, aux faits qu'elle renferme, aux questions qu'elle soulève : car je n'ai voulu jusqu'ici qu'établir en droit l'action souveraine du Roi, sans dire encore si elle devra se réaliser parmi nous. Qu'il soit d'ailleurs et à l'avance bien entendu, que la majesté royale n'aura point à détruire la charte ni les formes de gouvernement établies : Dieu ne brise pas la terre pour les désordres qu'il y voit.

Le ministère a-t-il à s'occuper d'une réforme électorale? Pour qu'un ministère vive et gouverne, il a besoin d'une majorité dans la chambre des députés. Cette majorité, il la trouve dans la chambre existante, ou il la conquiert par une dissolution et un appel aux électeurs. Les ministres trouveront-ils une majorité dans la chambre actuelle? Je ne le crois pas. Point de flatteries ni d'impudence. Le cabinet, tel qu'il est composé, ne représente que l'extrème droite; ni la gauche, ni le centre gauche, ni la plus grande partie du centre droit n'y sont représentés. Les ministres peuvent-ils conquérir la majorité dans une chambre nouvelle? Je ne le crois pas davantage : l'opinion est égarée; les colléges électoraux sont au pouvoir d'une faction. Ce n'est pas seulement dans les comités illégaux et dans la dernière loi *sur les listes d'électeurs* que réside l'obstacle ; c'est dans la loi organique des *élections* qu'est le vice radical. Par la loi du 5 février, une oligarchie de marchands a été formée : cette noblesse de boutique domine aujourd'hui la France et veut commander au Roi. Les noms seuls du prince de Polignac et du comte de la Bourdonnaye excitent sa fureur : de tels ministres ne sauraient jamais lui convenir. Il n'y a pas à espérer que nos féodaux de comptoir viennent dans une autre nuit du 4 *août*, faire l'abandon de leurs titres-marchandises.

On a dit que l'ancien ministère avait fatigué la chambre et l'opinion, que le côté gauche même avait perdu de sa force et de son crédit; ces deux faits sont exacts, mais leur explication n'a rien qui doive soutenir le ministère nouveau. M. de Martignac n'était point assez révolutiounaire pour l'opinion; il était monarchique avec le côté droit, démocrate avec le côté gauche, incertain et mobile avec les centres. Le côté gauche s'est, il est vrai, aliéné plusieurs hommes de bonne foi par ses prétentions odieuses ; mais surtout il a déplu aux clubs électoraux, il a démérité de l'oligarchie factieuse qui l'avait envoyé, par des faiblesses défendues et quelques transactions honteuses.

Quand les ministres obtiendraient le budget dans la chambre actuelle, il est clair qu'ils n'auraient de majorité sur aucun autre point. Le budget lui-même tiendrait à un petit nombre de décès ou de démissions; toute politique extérieure resterait sans appui, toute mesure intérieure deviendrait impossible : pour des ministres ce n'est pas là vivre et gouverner.

Je sais que mon opinion peut déplaire à ceux-là même que je veux servir ; mais d'autres affirmations sur une chambre trop connue n'avanceraient en rien les affaires du Roi, puisqu'elles n'imposeraient à personne. Fermer les yeux devant l'ennemi n'a jamais décidé d'un combat; connaître mieux les troupes dont il dispose et le terrain qu'il occupe, a souvent donné la victoire. Je dirai donc aussi explicitement, que l'état actuel de la presse ne peut convenir à une administration monarchique. La raison la plus décisive que l'on en saurait donner, est dans l'irrévocable anathème dont les journaux ont frappé le cabinet tout entier. Certainement ni les mensonges odieux, ni les atroces calomnies de quelques entrepreneurs de gazettes, n'atteindront les hommes éminens que le

roi honore de sa confiance ; mais il faut reconnaître
que la faction qui ment et calomnie ainsi, mentira et
calomniera sur tous les points, mentira et calomniera
toujours ; il faut reconnaître que cette faction men-
teuse et calomniatrice est toute-puissante dans la
chambre et domine les élections. Il n'est pas une
seule mesure du nouveau ministère, quelque ex-
cellente qu'on la suppose, qui ne soit à l'instant
livrée à la haine de millions de lecteurs ; et après
trois jours, entièrement ruinée dans l'esprit du
public. Le député qui dans la chambre oserait appuyer
cette mesure, serait immédiatement attaché au pi-
lori du ministère, et traîné par tout le royaume sur
la claie de l'opinion. Dans le cas d'une élection générale, je n'ai pas besoin de parler des immenses moyens
de la faction, de ses clubs et de ses menaces, de ses
attroupemens et de ses violences. Quand les déclama-
mations sont repoussées par le bon sens, les raille-
ries ont prise sur la vanité, l'égoïsme redoute la calomnie. Que l'on y prenne bien garde ! il n'y a que
les hommes forts de Dieu et de leur conscience
qui sachent braver les injustes mépris. Tous les
sujets du Roi n'ont pas pour les défendre, une il-
lustre naissance et la faveur du monarque, des
talens reconnus et de la gloire acquise. Dans les départemens et à Paris même, une foule d'honnêtes
gens sont comprimés par la puissance des journaux ;
ils renferment leur pensée, dans la crainte d'être hon-
nis et bafoués. On sait des localités où les fonctionnaires accusaient par leur silence le gouvernement
qui les employait, ou balbutiaient dans leurs salons

quelques excuses honteuses. Les hommes de nos temps sont ainsi faits. Condamner cette apathie des âmes, cette faiblesse des esprits, est justice; méconnaître un état réel, est toujours funeste. Que les ministres apportent un projet de loi quelconque à la chambre des députés; je suis convaincu que deux cents boules blanches n'oseront jamais se montrer avant de descendre dans l'urne. Qu'ils appellent les électeurs; la moitié des honnêtes gens n'oseront pas voter selon leur conscience dans les colléges électoraux.

Le nouveau ministère doit donc songer à une réforme électorale, à un changement dans l'état de la presse; son existence tient à ces deux faits. Mais les hommes qui arrivent au pouvoir veulent-ils réellement cette double opération? Quand on a le *pouvoir*, il faut avoir le *vouloir*; comme me l'écrivait, dans une crise pénible aussi pour les royalistes, le vénérable cardinal-duc de Clermont-Tonnerre. Ce *vouloir*, je vais le discuter, non d'après des bruits de bourse ni des annonces de journaux, mais sur des élémens plus vrais et plus décisifs. L'assurance des factieux contre une telle volonté, et peut-être l'incertitude de quelques royalistes, viennent de ce que les ministres ne trouveront pas dans la chambre des députés, une majorité contre l'oligarchie soulevée des élections, ni contre le débordement impur de la presse. La majorité est assurément introuvable; ne peuvent-ils donc s'en passer? La situation du ministère actuel ne ressemble point à celle d'une administration ordinaire. Dans l'ordre des mouvemens constitutionnels, les ministres sortent de la majorité

pour se placer au milieu d'elle; que cette majorité
siége actuellement sur les bancs de la chambre, ou
qu'elle soit encore dans le choix probable des électeurs. Les nouveaux ministres sont sortis de la minorité; il est trop clair que cette minorité ne ferait que
s'amoindrir par une élection générale. Les nouveaux
ministres n'ont donc été appelés, ni pour la majorité
qu'ils avaient, ni pour celle qu'ils pouvaient créer;
ils n'ont donc pas été appelés pour opérer avec la
chambre. Leur mission est d'un autre ordre; leurs
devoirs n'en sont pas moins sacrés.

Les députés des départemens veulent, à la place de
la charte royale, un gouvernement parlementaire; les
électeurs, leurs maîtres, et les journaux plus puissans
encore, les poussent incessamment à ce but d'anar-
chie. Déjà les plus précieuses prérogatives du Roi sont
envahies avec audace ou revendiquées avec insolence.
Les Suisses, la maison militaire, la garde royale, l'armée tout entière; la chambre s'apprête à tout déna-
turer et dissoudre. Le droit de conclure les traités
n'appartient plus au Roi, selon la charte royale
de 1814; on a pu en voir dans ces derniers temps
l'usurpation flagrante. La pairie est devenue l'objet
des plus violentes attaques dans la chambre des députés; tous les priviléges y sont contestés, comme si
la royauté n'était pas elle-même un grand et légitime
privilége !

Quant à la presse, elle ne connaît plus ni règles ni
limites; elle pousse à la révolte ou insulte le Roi, selon
l'inspiration du moment. On agite maintenant une
question de dynastie, comme une question de crédit

éventuel. Les grands journaux ne descendent plus même à la colère, à la passion ; *le Courrier Français* établissait, cette semaine, avec le calme de l'ordre légal et l'aplomb de la métaphysique doctrinaire ; que « dans une monarchie représentative le sort de la légitimité elle-même ne peut être fondé que sur l'opinion. » Enfin des basses-cours de la révolution, surgissent et se répandent les petits journaux, pour les appétits grossiers et les viles passions de la multitude.

Le Roi a vu ces désordres ; le cabinet a été formé. On aperçoit désormais la mission et les devoirs du nouveau ministère. Il n'y a plus d'essai à tenter, plus de lutte à soutenir ; le danger est imminent, inévitable. Deux institutions sont nécessaires : l'une pour régler les élections, l'autre pour régler la presse. L'action souveraine du Roi va donc se manifester ; le *pouvoir constituant* doit intervenir. Les ministres ne sont donc plus simplement des ministres de gouvernement, des chefs d'administration royale : ils sont les ministres de quatorze siècles de monarchie ; ils sont les organes de l'autorité suprême dans le royaume de S. Louis.

Ainsi le nouveau ministère ne pourrait plus même se retirer devant la chambre ou céder aux journaux. C'est contre la chambre et les journaux qu'il a été appelé ; il le savait, il a répondu à l'appel du Roi. Il n'y a ici ni violence ni coup d'état : il y a exercice d'un pouvoir qui est partout, qui a été toujours, dans les républiques comme dans les monarchies, en Amérique comme en Espagne, dans le sénat de Rome comme dans les demi-dieux de la Grèce. Encore une fois la charte ne sera point détruite ; Charles X ne peut que garantir et développer mieux cette œuvre de sagesse et de paix de Louis-le-Désiré.

Toutefois le Roi est aussi un pouvoir constitionnel; et comme tel il a droit de lutter contre la chambre, contre l'opinion. Toute lutte, il est vrai, nous semble trop inégale; mais le droit est reconnu par la charte, il est incontestable. Ceci explique les huit jours du ministère, sans qu'il y ait encore eu d'intervention suprême, et en même temps rend possibles des délais plus ou moins longs. Peut-être quelques personnes imaginent-elles de ramener l'opinion par des mesures populaires, et de gagner l'oligarchie électorale par la suppression de charges intérieures ou des douanes. La presse aura bientôt détruit ces illusions. Que si la presse était réglée d'abord, et la mesure prise ensuite; la faction exaspérée pousserait les électeurs aux dernières extrémités. Les avantages de la mesure ne pourraient pas même se faire entendre; l'opinion serait à l'instant jetée dans la défiance et la haine. Avec les journaux tels qu'ils sont, quand le cabinet parviendrait à prendre quelque faveur dans le public; il n'aurait pas vaincu; il ne vaincrait jamais cette oligarchie des comités, cette noblesse des boutiques qui domine les élections et a fait alliance avec la presse. Il y a une petite nation de quatre-vingt mille dans la grande nation de trente millions : chacune de ces nations a des intérêts distincts et des intérêts opposés. Le peuple serait satisfait et heureux, que les *patentés* seraient mécontens et factieux.

Si le gouvernement peut dispenser d'un impôt, en ne le percevant pas ; il ne peut remplacer cet impôt par un autre, sans l'assentiment de la chambre. En supprimant la charge, le gouvernement se prive donc de son produit; et le gouvernement est-il en état de s'en priver? D'ailleurs ce n'est pas tant le chiffre du budget qui gêne en France la population, que l'assiette de certains impôts et leur mode de répartition. Précisément la chambre devient nécessaire pour une assiette et une répartition différentes. Que le nouveau ministère saisisse tous les points de vue, qu'il parcoure toutes les hypothèses; il reviendra forcément à sa haute mission. Je ne puis dire quand ni comment cette mission commencera à s'exécuter; mais je répète que les ministres *voudront* sur l'élection et sur la presse, les deux faits qu'il y a nécessité d'accomplir. Dieu et l'histoire jugeraient sévèrement des hommes qui, appelés dans une tempête à préserver leur Roi, n'auraient placé près de sa personne leur bannière bruyante, que pour y attirer la foudre.

J'écarte de tels présages. Si l'on ajourne, si l'on essaie quelques tempéramens, il y aura du moins cet avantage, que la nécessité des deux institutions ressortira, chaque jour et à chaque tentative, avec plus de force et d'évidence. J'ai foi pleine et entière aux noms qui sont inscrits dans l'heureuse ordonnance du 8 août; et j'arrive à la puissance, aux moyens d'exécution.

De la puissance! La faut-il donc si grande, si redoutable? Quel est ce parti qui appelle maintenant les cosaques et le czar Nicolas, comme il invoquait naguère M. Canning et ses radicaux? On ne m'accusera pas d'avoir déprécié ses forces, ou méconnu ses ressources ; j'ai peut-être exagéré, au contraire, son influence et ses avantages, partout où il est possible de les apercevoir. Que ce parti domine donc l'esprit public par ses journaux, et dispose de la chambre par son oligarchie de patentés ; à quoi tiennent les journaux et cette oligarchie, tels que le parti les a faits ? Il est vrai qu'une cinquantaine d'écrivains, intrépides dans leurs feuilles et déterminés dans leur métier, prêchent la résistance et excitent au combat. Mais qui ne sait ce que valent ces fanfarons de révolte ? Personne ne répond à leur voix ; eux surtout n'oseraient jamais se montrer. Quant aux électeurs, il y a, dirait M. de Pradt, de quoi saisir d'un rire inextinguible la plus forte hypocondrie des trois royaumes, à se figurer ces bonnes gens abandon- donnant leurs magasins et leurs comptoirs pour courir aux armes. Les jeunes gens eux-mêmes, sur lesquels on paraît compter, parce que la presse les a livrés aux passions d'un autre âge ; les jeunes gens manquent de force et d'enthousiasme. Arrogans dans leurs écrits, provocateurs dans leurs rassemblemens ; chacun d'eux, en s'escrimant pour la société, la liberté, la constitution, ne songe déjà qu'à sa personne, à sa fortune, à son agrandissement. Jamais plus misérable parti ne se vit sur la terre ; depuis quinze ans qu'il est sous les armes, il n'a su qu'ourdir deux ou trois complots avortés en naissant, ou laisser tomber lâ- chement la tête de ses plus nobles enfans ! Est-ce donc là l'ennemi qui doit combattre notre Roi, puissant d'une armée fidèle et d'un bon nombre de sujets dévoués ? Ah ! docteurs de la résistance passive,

vous serez les premiers à payer l'impôt! Révolution-
naire de tous les âges et de tous les degrés, peut-être
saurez-vous encore produire un Louvel; mais un
Hampden, jamais.

Nul obstacle ne s'oppose donc à l'intervention
du Roi, à l'exercice de son pouvoir constituant.
L'institution de la presse et celle des élections une
fois proclamées; il suffit d'en confier l'exécution à des
fonctionnaires éprouvés, à des hommes de cœur. J'a-
joute qu'on ne peut trop insister sur ce point impor-
tant; le cabinet doit écarter avec rigueur tous les at-
tachemens faibles, toutes les molles convictions. Je
ne veux ni blâmer ni louer en ce moment l'administration de M. le comte de Villèle; mais je voudrais que
le nouveau cabinet eût sans cesse présentes à la pensée,
ces paroles d'un homme qui ne manqua certes ni
d'esprit ni d'habileté dans les affaires publiques :
« Snas mes mauvais préfets, Joseph de Villèle serait
« mort ministre. »

Le temps ne pouvait être mieux choisi pour l'action souveraine du Roi. Tout le pays est dans la souffrance; d'un bout du royaume à l'autre, un cri de
détresse a retenti. Les systèmes industriels laissent,
chaque jour, des milliers d'ouvriers sans travail et sans
pain. L'application désordonnée des machines amène
sous nos yeux la perte des petites fortunes. Il est
facile de signaler tous les élémens de ruine et de misère que la faction libérale amasse au milieu du peuple.
N'a-t-on pas vu au commencement de cette année, les
journaux s'effrayer des lumières que nous voulions
jeter dans les classes inférieures, sur des questions

vitales et essentielles pour ces classes? Le jour où de telles questions seraient éclairées, l'empire du libéralisme serait fini. Quel appui conserveraient dans les masses, des théories qui réclament pour le peuple la liberté et la charte comme ses droits légitimes, et qui imposent au peuple la souffrance et la misère comme ses obligations naturelles? Ce sera un puissant moyen pour le nouveau ministère, que démasquer ce parti profondément hypocrite, qui se dit le défenseur des droits individuels et séquestre les pauvres, qui vante sa philanthropie et proscrit les maisons de charité. Surtout le triomphe du nouveau cabinet est assuré, comme sa mission est accomplie; s'il gouverne *populairement, monarchiquement*. Il n'y a rien à craindre des masses; elles sympathisent avec ce qu'il y a de noble et de grand dans la vie, quand on sait les maintenir contre les débordemens de quelques esprits. Que la majesté royale veuille donc descendre dans sa force; par là encore elle aura fait éclater sa justice.

PARIS, IMPRIMERIE DE POUSSIELGUE-RUSAND, RUE DE SÈVRES, Y. 2.

www.ingramcontent.com/pod-product-compliance
Lightning Source LLC
Chambersburg PA
CBHW051434060726
47596CB00006B/2479